Elke Gulden / Bettina Scheer

# Handtheater & Fingerspiele

## Bemalte Hände
## erzählen Geschichten

**Gerne nehmen wir Ihre Anregungen, Wünsche, Kritik oder Fragen entgegen:**
Don Bosco Medien GmbH, Sieboldstraße 11, 81669 München
Servicetelefon: 089 / 48008-341

Bibliografische Information der Deutschen Nationalbibliothek

Die Deutsche Nationalbibliothek verzeichnet diese Publikation in
der Deutschen Nationalbibliografie; detaillierte bibliografische
Daten sind im Internet über http://dnb.d-nb.de abrufbar.

1. Auflage 2010 / ISBN 978-3-7698-1861-1
© 2010 Don Bosco Medien GmbH, München
www.donbosco-medien.de
Umschlag: ReclameBüro, München
Umschlagfotos: Grzegorz Gugala
Layout: ReclameBüro, München
Satz: Don Bosco Kommunikation GmbH, München
Druck: Don Bosco Druck & Design, Ensdorf

Gedruckt auf umweltfreundlichem Papier

# Inhalt

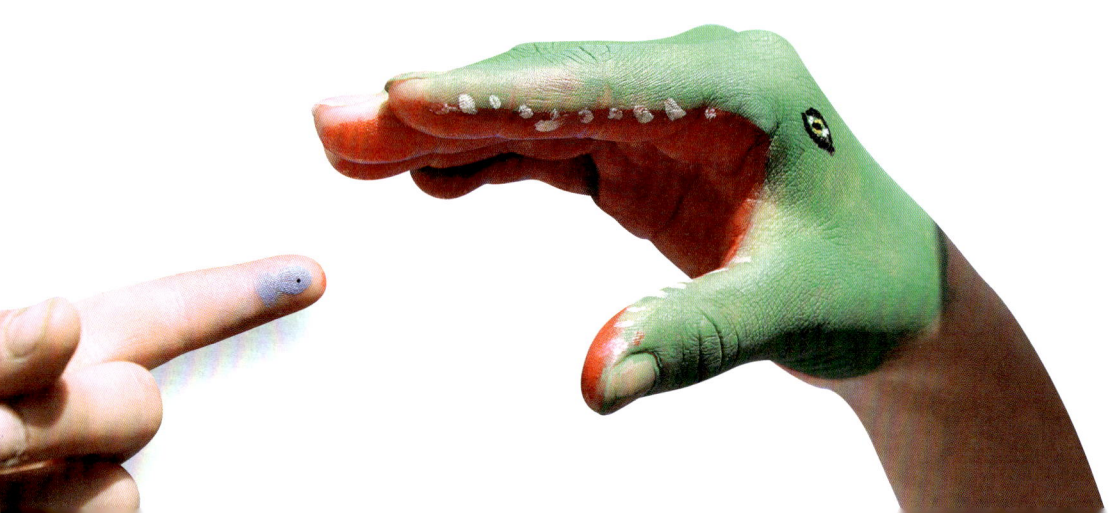

# Einführung

**D**ie Idee zu diesem Buch entstand, als im letzten Jahr ein 4-jähriges Mädchen nach einem Fingerspiel zum Thema Fische auf uns zukam und bat: „Malst du mir Fische auf meine Finger?" Sogleich wurden Fischkonturen auf die Fingerkuppen gemalt und das Spiel wurde noch einmal wiederholt. Schon oft hatten wir in der Vergangenheit kleine Gesichter auf die Kinderfin-

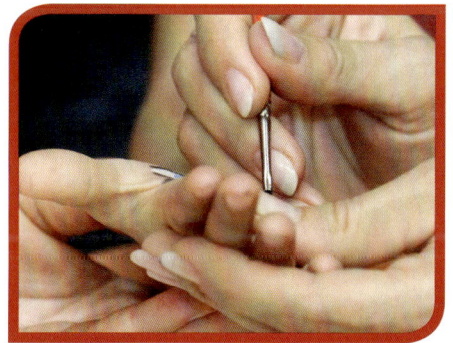

ger gemalt, um den ein oder anderen Text lebendig werden zu lassen. Doch an diesem Tag drängte sich uns die Frage auf: „Warum malen wir eigentlich immer nur auf die Fingerspitzen? Warum bemalen wir nicht die ganze Hand?" Die Idee ließ uns von da an nicht mehr los und so sind nach und nach kleine Geschichten und Texte in Versform entstanden, die sich schön mit den Händen erzählen lassen. Bei der Entwicklung haben wir besonderen Wert darauf gelegt, dass sich die Figuren schnell und ohne allzu großen Aufwand mit Schminkfarben auf die Hände auftragen lassen.

Zunächst wird die Gruppenleiterin den Kindern die Geschichte vortragen und das Erzählen mit den eigenen Händen begleiten. Die Kinder lauschen den Geschichten aufmerksam und sind fasziniert von den Figuren, die plötzlich lebendig werden. Natürlich wollen die eigenen kleinen Händchen auch bemalt werden. Mit den bereitgestellten Farben verwandeln sich die Kinderhände rasch in die jeweiligen Figuren. Beim wiederholten Erzählen sprechen und spielen die Kinder erst mit und werden die Geschichten bald selbstständig nachspielen.

## Fingerspitzengefühl, Fantasie und Kreativität

Schon beim Bemalen machen die Kinder wertvolle taktile Erfahrungen und nicht selten ist anfangs ein fröhliches Kichern zu hören, begleitet von den Worten: „Das kitzelt." Oft erleben wir auch, dass gerade die „wildesten" und „unruhigsten" Kinder beim Bemalen außerordentlich geduldig sind und ganz ruhig dasitzen. Sie scheinen die taktile Erfahrung in ganz besonderem Maße zu genießen. Die Handgeschichten sind mittlerweile fester Bestandteil unseres pädagogischen Alltags geworden, weil sie für uns wichtige und wertvolle Entwicklungsschritte anbahnen. Natürlich war uns von Anfang an bewusst, dass die Kinder beim Mit- und Nachspielen die Feinmotorik ihrer Hände und Finger schulen und die taktilen Sinneszellen großflächig angeregt werden. Darüber hinaus hat sich jedoch ganz von alleine etwas noch viel Kostbareres entwickelt, nämlich Fantasie und Kreativität. Die bemalten Hände haben die Fantasie der Kinder in unseren Gruppen in einem Ausmaß angeregt, wie wir es nicht erwartet hätten. Interessanterweise ist dieser Vorgang in zwei Richtungen zu beobachten. Zum einen spielen die Kinder auch nach dem gemeinsamen Stuhlkreis weiter mit ihren Händen. Dabei findet selten ein bloßes Nachspielen des soeben Gehörten statt. Vielmehr entwickeln sie eigene Geschichten mit den Figuren, die miteinander ersonnen und umgesetzt werden. Zum anderen ist aber auch zu beobachten, dass einige Kinder beginnen zu überlegen, welche anderen Figuren mit Fingern und Händen auch noch dargestellt werden können. So ist beispielsweise der Elefant von Seite 14 eine Erfindung des 6-jährigen Daniel, der eines Tages seine Hand selbstständig grau anmalte, ein schwarzes Auge darauf tupfte, seine Finger in eben jener Position auf den Tisch stellte und stolz sagte: „Guck mal, ein Elefant!"

Fantasie und Kreativität sind wichtige Eigenschaften, die ebenso gefordert und gefördert sein wollen wie kognitives Wissen. Handgeschichten leisten hierzu einen großen Beitrag. Wir freuen uns, wenn die Geschichten und Handfiguren in diesem Buch zur Entwicklung weiterer Bilder und Erzählungen anregen.

## Materialien und Tipps zum Bemalen der Hände

Wir verwenden grundsätzlich professionelle Schminkfarben auf Wasserbasis, da sie nicht so schnell verlaufen und sich nicht so leicht abreiben wie fettende Farben. Außerdem sind diese Farben auch besser wieder von der Haut zu entfernen. In jedem Fall sollten die verwendeten Farben für die empfindliche Kinderhaut geeignet und dermatologisch getestet sein.

Zum Auftragen der Farben eignet sich für die großen Flächen ein guter, weicher Borstenpinsel der Stärke 12. Für die feineren Linien und die Augen sind dünne Haarpinsel geeignet, die viele Hersteller den Schminkkästen bereits beilegen. Hier sollten reine Make-up Pinsel von guter Qualität verwendet werden, die nicht haaren.

Im Übrigen empfiehlt es sich, den Farben nur wenig Wasser zuzugeben, so verlaufen sie nicht und trocknen schneller. Da sich die Farben auch gut untereinander mischen lassen, reicht für den Beginn ein einfacher Farbkasten, der die wichtigsten Farben enthält:

- Weiß
- Schwarz
- Rot
- Grün (Wiesengrün)
- Blau, idealerweise einmal hell- und einmal dunkelblau
- Pink (weil von den Mädchen über alles geliebt)
- Braun
- Gelb (Sonnengelb)
- Orange
- Grau oder Silber

Viele Hersteller bieten diese Farbkonstellation ohnehin bereits im Set an.

## Tipps zur musikalischen Begleitung

Bei einigen Geschichten bietet es sich an, ihre Atmosphäre durch Klänge des Orff-Instrumentariums zu unterstützen. Wo immer dies der Fall sein sollte, haben wir Vorschläge zur musikalischen Begleitung der Geschichten und Verse angefügt. Je nachdem, wie beansprucht die Hände bei den Versen und Fingerspielen sind, kann die musikalische Untermalung evtl. durch eine zweite Erzieherin erfolgen oder auch an einzelne Kinder übertragen werden. Diese werden auch selbst bald Ideen zur musikalischen Umsetzung entwickeln, die Vorschläge der Kinder sollten bereitwillig aufgegriffen werden.

Folgende Instrumente, die in den meisten Gruppen zur Verfügung stehen, sind hilfreich

- Handtrommel
- Glockenspiel
- Klangstäbe
- Glöckchen
- Klangschale
- Oceandrum

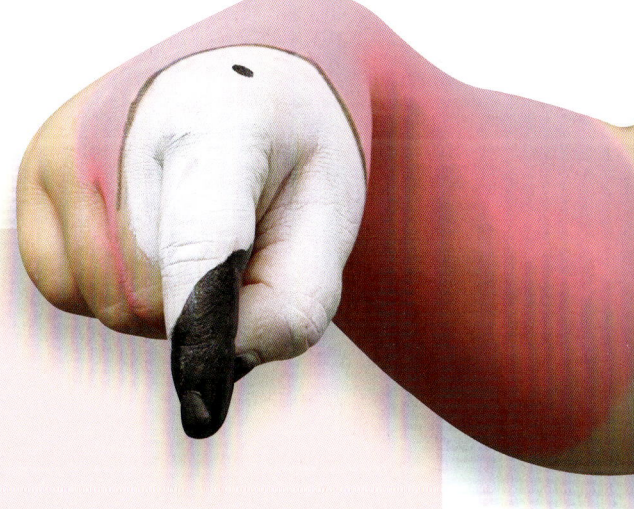

Viel Spaß mit den lustigen Handfiguren und viele schöne bunte Stunden!

*Elke Gulden und Bettina Scheer*

# Figuren und Geschichten

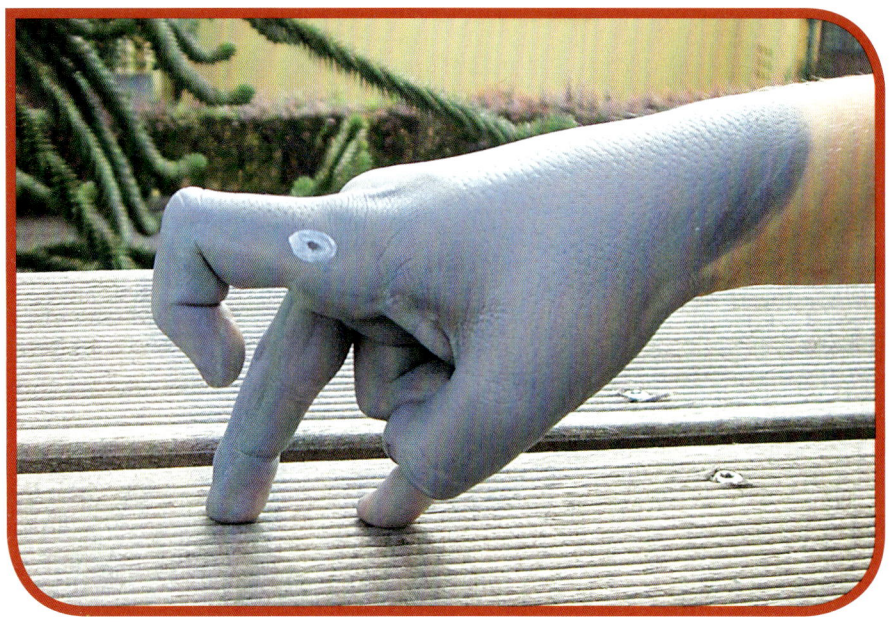

# Elefant

**Farben:**
Grau, Weiß, Schwarz

**So wird geschminkt:**
- Die ganze Kinderhand innen und außen grau anmalen.
- Einen weißen Kreis als Auge auf das Ende des Rüssels malen.
- Eine schwarze kleine Pupille in das weiße Auge tupfen.

**Musik-Tipp:**
- Elefant: Handtrommel
- Rüsselbewegung: Glissando auf dem Xylophon

# Der Elefant baut sich ein Haus

*Ringfinger in die Handfläche und den Daumen darüberlegen. Den kleinen und den Mittelfinger aufsetzen, Zeigefinger gekrümmt nach unten halten.*

Ach, wer kommt denn da gerannt?
Das gibt's ja nicht: ein Elefant!

*mit dem kleinen und dem Mittelfinger im Wechsel vorwärts gehen*

Doch ganz plötzlich bleibt er stehn.
Warum will er nicht mehr gehn?

*stehen bleiben, die Hand am Platz hin- und herdrehen*

Seinen Rüssel streckt er aus,
schleppt dann Äste ruhig nach Haus.

*den Zeigefinger strecken und im Kreis nach unten und oben führen, ein Stück weiter gehen*

Jetzt legt er eine Pause ein,
stopft Gras und Blätter in sich rein.

*Kreisbewegung des Zeigefingers mehr- fach wiederholen, dabei schmatzen*

Und ist sein Haus fertig gebaut,
trompetet er so richtig laut.

*Zeigefinger nach oben in die Luft strecken*

**Spieltipp:**
Die Kinder können versuchen, einen Zahnstocher in den Zeigefinger zu klemmen und ihn einige Zeit im Fingergelenk zu halten. Oder sie versuchen, den Zahn- stocher in die Kreismitte zu transportieren und dort langsam abzulegen.

  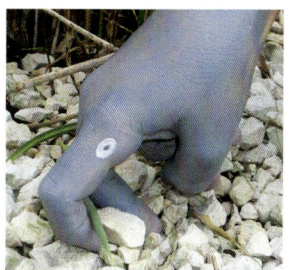

# Krokodil

**Farben:**
Grün, Rot, Weiß, Gelb, Schwarz

**So wird geschminkt:**
- Die Kinderhand von außen grün anmalen.
- Das Innere der Hand rot anmalen.
- An den Beginn des Zeigefingers einen schwarzen länglichen Augen-
  rand malen.
- Entlang des Zeigefingers und Daumens Zähne tupfen.
- In die Augenwinkel etwas weiße Farbe tupfen.
- In das weiße Auge einen länglichen schwarzen Strich ziehen.
- Um den Augenstrich etwas gelbe Farbe tupfen.

# Krokodiltreffen am Nil

Es schwamm einmal ein Krokodil
für sich allein im langen Nil.
Es schwamm nach hier, es schwamm nach da,
wisst ihr, was plötzlich dann geschah?

Viele Krokodile trafen sich im Nil.
Es waren wirklich ganz schön viel.
Sie trafen sich auf einem Fleck,
doch plötzlich waren alle weg.

**Spielbeschreibung:**
Alle Kinder sitzen mit ihrer Erzieherin im Kreis. Die Erzieherin ist zunächst der Erzähler. Alle Kinder haben ihre Hände zu Beginn hinter ihrem Rücken. Nur ein Krokodil schwimmt im Kreis herum. In Zeile 5 lassen ganz plötzlich alle Kinder ihre Krokodile vor ihrem Körper schwimmen. Schließlich treffen sich alle Krokodile in der Kreismitte, um am Ende des Verses wieder hinter dem Rücken zu verschwinden.

# Das Krokodil und der Fisch

**Farben Fisch:**
nach Wunsch

**So wird geschminkt:**
Einen kleinen Fisch auf die Kuppe des Zeigefingers der zweiten Hand malen.

**Musik-Tipp:**
Die Geschichte kann leise mit einer Oceandrum im Hintergrund begleitet werden.

Ein Krokodil schwimmt durch den Fluss, weil's ‚was zum Fressen suchen muss.

*Hand vor dem Körper hin- und herbewegen, das Krokodilmaul ist geschlossen*

Da sieht es einen kleinen Fisch und denkt: „Der wird mein Mittagstisch."

*den Fisch erscheinen lassen, Krokodil bleibt vor der Brust stehen*

Es reißt sein Maul so richtig auf, jedoch der Fisch ist pfiffig drauf.

*Handfläche weit öffnen*

Er schwimmt am Krokodil vorbei und grüßt es einfach freundlich: „Hi!"

*Zeigefinger mit dem Fisch an der Krokodilhand vorbeiführen*

Das Krokodil schaut sich entgeistert um: „Ein Hai? Hier? Wo? Wie? Was? Warum?"

*Krokodilhand in alle Richtungen drehen*

Dann ruft es laut: „Rühr mich nicht an!" und schwimmt gleich weg, so schnell es kann.

*Hand hinter dem Rücken verschwinden lassen*

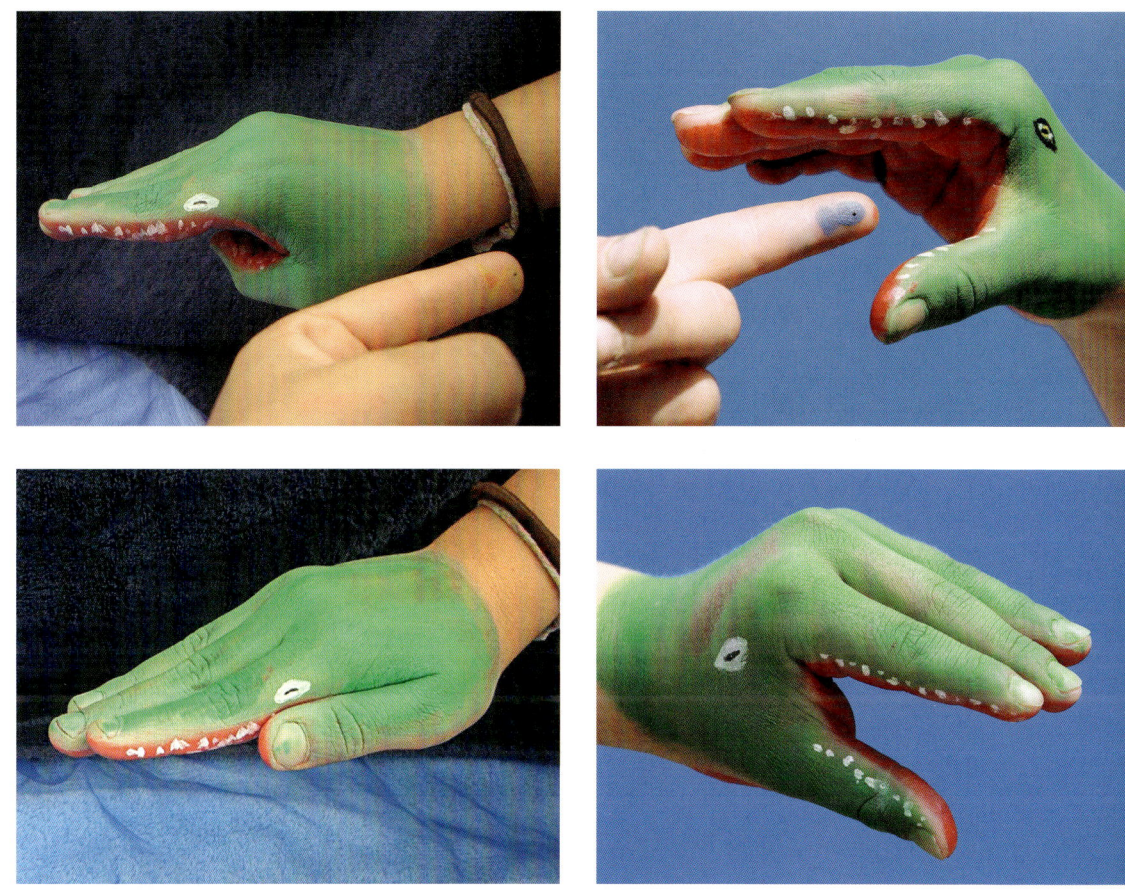

# Auch ein Krokodil muss Zähne putzen

**Farbe Vögel:**
weiß

**So wird geschminkt:**
Fliegende Vögel mit zwei Bögen auf die Fingerkuppen der zweiten
Hand malen.

| | |
|---|---|
| Auch ein Krokodil muss Zähne putzen, sonst würden diese total verschmutzen. | *Krokodilhand zeigen* |
| Weiße Vögel helfen ihm dabei und fliegen sogleich als Putzer herbei. | *Vögel zeigen* |
| Das grüne Raubtier sperrt sein Maul weit auf, die Vögel fliegen rein und räumen darin auf. | *Krokodilmaul weit öffnen, Vögel hineinfliegen lassen* |
| So picken sie alle Essensreste, die sind für sie das Allerbeste. | *mit den „Vogelfingern" das Krokdilmaul abtippen* |
| Am Ende freun sich beide sehr. Das ist auch wirklich keine Mär. | *beide Hände zeigen, dabei versuchen, die „Vogelfinger" zappeln zu lassen und gleichzeitig mit der anderen Hand das Krokodilmaul zu öffnen und zu schließen* |

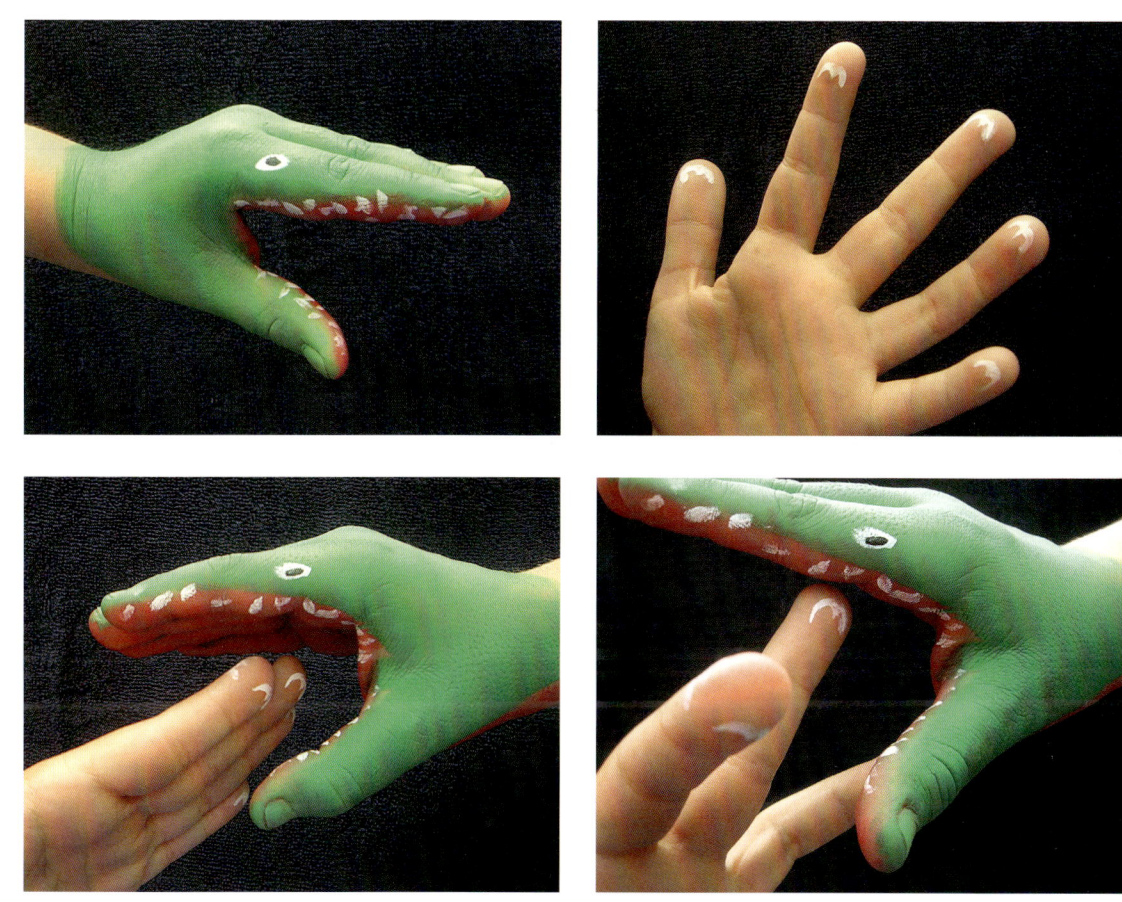

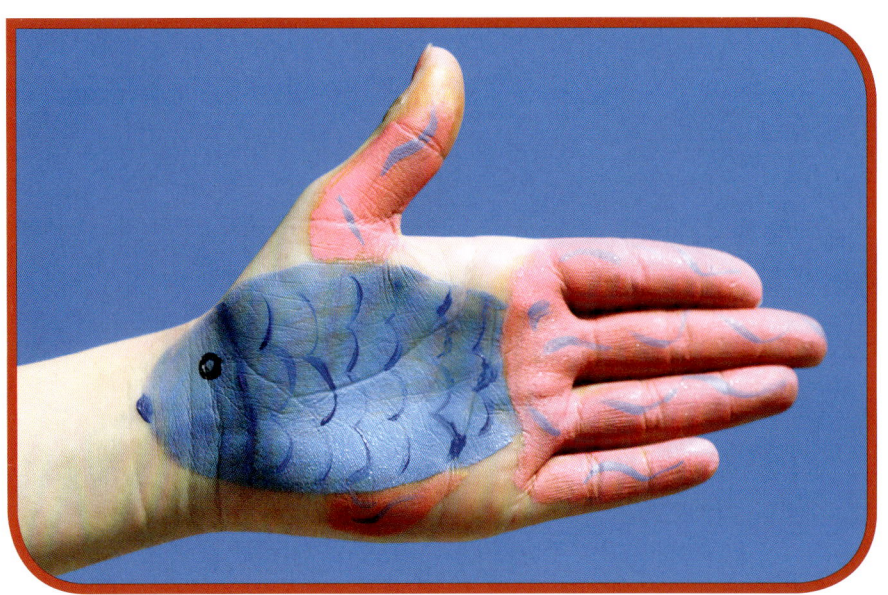

# Fisch

**Farben Fisch:**
nach Wunsch

**Krokodil:**
siehe Seite 16

**So wird geschminkt:**

- Auf die Finger die Grundfarbe der Schwanzflosse auftragen.
- Auf die Handfläche den Fischkörper in einer anderen Farbe malen.
- Bauch- und Rückenflosse in der Farbe der Schwanzflosse an den Körper malen.
- In den Kopf ein schwarzes, rundes Fischauge zeichnen.
- Den Körper mit großen Schuppen und die Flossen mit leichten, geschwungenen Strichen versehen, hierzu eine dunklere Farbe als die jeweilige Grundfarbe wählen.

# Der schlaue Fisch

Ein Fisch schwimmt in dem Fluss umher,
mal mit dem Strom, mal kreuz und quer.

*Krokodilhand in Brusthöhe
seitlich in der Luft halten.
Finger der Fischhand vor dem
Körper seitlich bewegen,
dabei den Fisch langsam
vor dem Körper schwimmen
lassen*

Doch stopp – was ist jetzt plötzlich los?
Was liegt hier rum – ist riesengroß?

*die Fischhand bleibt vor der
Krokodilhand stehen*

Der Fisch sieht sich's genauer an,
dann schwimmt er weg, so schnell er kann.

*Fisch hin- und herbewegen,
dann unter den Arm drehen*

Da tönt es dumpf: „Wo willst du hin?
Nichts Böses habe ich im Sinn!"

*Krokodilmaul öffnen*

→

Der Fisch erstarrt und dreht sich um,
sagt laut: „Du glaubst wohl, ich bin dumm.
Ich weiß, du bist ein Krokodil,
und fressen willst du ganz schön viel."

*Fischhand in einigem Abstand
zu dem Krokodilmaul drehen,
Hand öffnen und schließen*

„Doch grade bin ich ziemlich satt
und irgendwie auch ganz schön matt.
Setz dich ein wenig zu mir her,
ich verspreche dir, ich bleibe fair."

*Krokodilmaul öffnen und
schließen*

Der Fisch sagt. „Nein! Ich glaub dir nicht.
Du bist und bleibst ein Bösewicht."

*Fischhand öffnen und schlie-
ßen, dann hinter den Rücken
schwimmen lassen*

# Schnecke

**Farben:**
Gelb, Braun

**So wird geschminkt:**
- Die Außenseite der Hand gelb anmalen.
- Mit einem feinen Pinsel eine Spirale als Schneckenhaus auf den Handrücken zeichnen.
- Vorne auf den Daumen zwei braune Augen, und evtl. Fühler tupfen.

# Elisa in der Lorbeerhecke

Elisa ist 'ne kleine Schnecke,
lebt hinten in der Lorbeerhecke.
Dort schläft sie selig unter einem Blatt,
vom letzten Fressen sie ist noch ganz satt.

*Schneckenhand bildet eine Faust und liegt am Boden, die freie Hand wird in der Luft über ihr gehalten*

Doch seht, jetzt streckt sie ihre Fühler aus.
Nanu – da liegt etwas vor ihrem Haus?!

*kleinen Finger und Daumen abspreizen*

Es ist ein kleiner, dicker, kahler Ast,
an dem Elisa ohne Stress und Hast
im Schneckentempo bis nach oben kriecht.
Dort bleibt sie stehn und prüft, ob sie was riecht.

*den Ellenbogen des anderen Arms aufstellen, Schnecke erst vorwärts, dann den Arm hochkriechen lassen; dazu den Daumen wiederholt nach vorne schieben und mit der Faust hinterhergleiten*

Ein rauer Windstoß kommt und bläst derweil
ihr Lorbeerblatt hinweg wie einen Pfeil.
„Ach, wie schade!", so denkt sich die Schnecke,
„Weg ist meine schöne, warme Decke!"

*über die Hand pusten*

Sie streckt die Fühler wieder in die Luft,
und schnuppert leckren Blütenduft.

*mit dem Daumen wackeln*

Jetzt kriecht sie langsam auf dem Ast entlang;
das ist für sie gewiss kein leichter Gang.

*den „Astarm" waagrecht halten, die Schneckenhand auf dem Arm entlangführen*

Dann gleitet sie allmählich wieder runter,
inzwischen ist sie schon ganz munter.

*am Arm langsam hinuntergleiten*

➡

Genüsslich frisst sie unten Blatt für Blatt
und bald darauf ist sie auch satt.

Genau in diesem Augenblick
da landet vor ihr – ohne jeden Trick –
ein großes Blatt der Lorbeerhecke.
Elisa nutzt es gleich als neue Decke.

*Kreisbewegungen mit der Daumenkuppe*

*die freie Hand wieder über die Schnecke halten*

(Das Schneckenlied *Schni-Schna-Schnirkelschnecken* mit Bewegungsspiel findet sich in der Leseprobe im Anhang, Seite 90/91)

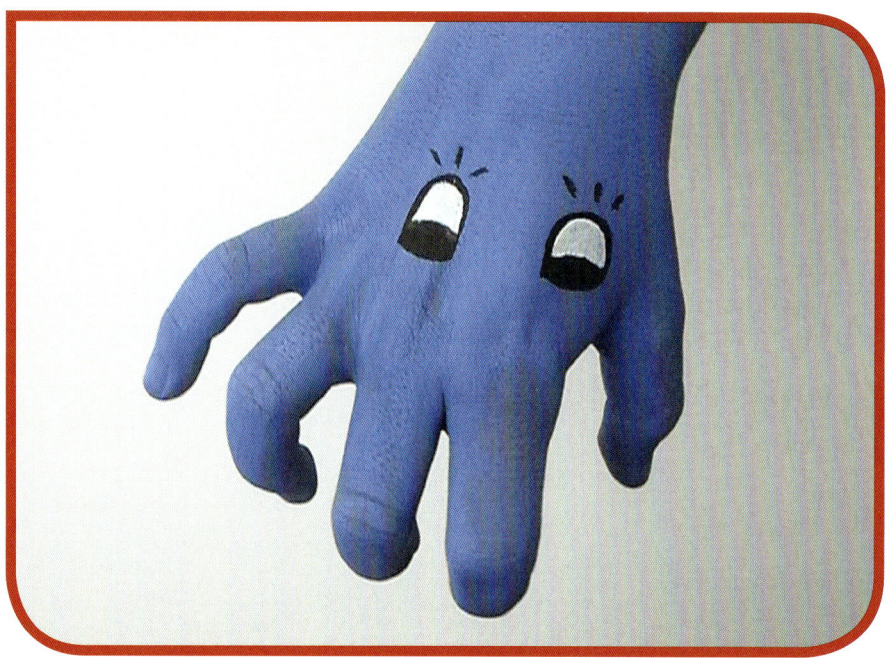

# Tintenfisch

**Farben:**
Blau, Weiß, Schwarz

**So wird geschminkt:**
- Die Kinderhand außen blau anmalen.
- Mit einem feinen Pinsel schwarze Augen auf den Handrücken zeichnen. Die untere Hälfte schwarz, die obere Hälfte weiß ausmalen, über jedes Auge drei Wimpernstriche zeichnen.
- Einen Fisch (Seite 22) oder Fischkonturen auf den Handteller der zweiten Hand zeichnen.

# Der Tintenfisch Jean-Jaques-Paul-Pierre

Der Tintenfisch Jean-Jaques-Paul-Pierre
schwimmt heute wieder durch das Meer.

*Finger weit auseinander-*
*strecken, mit ihnen in der*
*Luft zappeln und die Hand*
*langsam vorwärtsbewegen*

Er kommt an einem Barsch vorbei,
der fragt: „Hast du wohl Angst vor einem Hai?"

*vor einem Fisch zum Stehen*
*kommen*

„Nein, Angst und Furcht, die hab ich nicht,
ich spritz ihm Tinte ins Gesicht.

*Fingerkuppen aneinander-*
*legen und die Finger schnell*
*wieder lang nach vorne*
*auseinanderspreizen, einige*
*Male wiederholen*

Dann ruf ich laut: ‚Oh je, Pardon' –
und schwimme einfach schnell davon."

*Tintenfisch schnell hinter*
*den Rücken schwimmen*
*lassen*

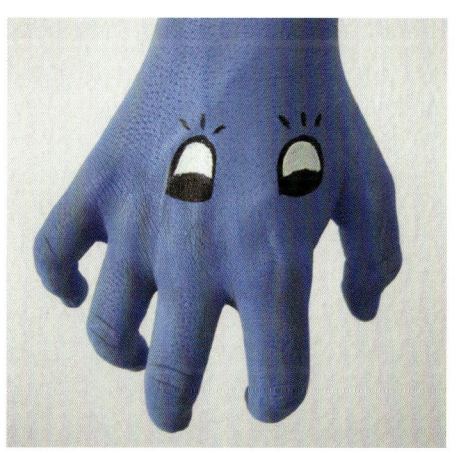

# Zwei Tintenfische

Ein Tintenfisch schwimmt hin und her
im großen, weiten, blauen Meer.

*Finger weit auseinander-
strecken, mit ihnen in der Luft
zappeln und die Hand langsam vorwärtsbewegen*

Dann setzt er sich auf einen Stein,
er findet's doof, allein zu sein.

*Fingerkuppen aneinanderle-
gen, auf einen Oberschenkel
aufstellen, Finger langsam
öffnen und dabei die Handinnenfläche auflegen*

Er seufzt ganz laut: „Ach nein, ach jeeh!"
Dann schwimmt er weiter durch die See.

*wie oben*

Er schwimmt mal hier, er schwimmt mal dort,
ganz plötzlich ist er einfach fort.

*Tintenfisch hinter den Rücken
schwimmen lassen*

Ein Tintenfisch schwimmt hin und her
im großen, weiten, blauen Meer.

*Wiederholung mit der zweiten
Hand*

Auch er setzt sich auf einen Stein,
und findet's doof allein zu sein.

Da kommt der erste Fisch vorbei
und ruft: „Hurra, hurra! Jetzt sind wir zwei!"

*die andere Hand auf diesen
Tintenfisch zuschwimmen
lassen*

Gemeinsam spielen sie im Meer,
und schwimmen quietschvergnügt umher.

*beide Hände spielen
miteinander*

**Spieltipp:**

Wenn die Zeit nicht reicht, um jedem Kind beide Hände zu bemalen, kann die Gruppe auch in zwei Hälften geteilt werden. Dazu werden die Kinder im Kreis auf 1 und 2 durchgezählt. Die Kinder der einen Gruppe übernehmen den Part des ersten Tintenfisches, die restlichen den Part des zweiten Tieres. Am Ende spielen die Kinder, die jeweils nebeneinander sitzen, paarweise zusammen.

 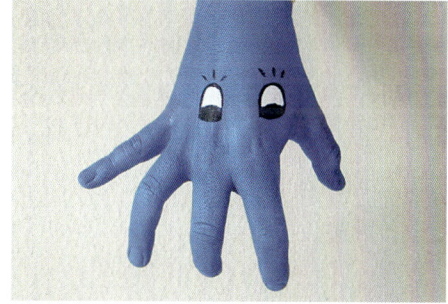

 **Musik-Tipp:**
Die Geschichte kann leise mit einer Oceandrum im Hintergrund begleitet werden

# Spinne

**Farben:**
Schwarz, Weiß

**So wird geschminkt:**
- Auf den Handrücken einen großen, schwarzen Kreis malen.
- Von dem Kreis ausgehend, acht lange Linien als Beine malen, davon fünf Linien über die Finger führen.
- In den Kreis zwei weiße Augen tupfen.
- Man kann auch zuerst die gesamte Hand in einer anderen Farbe grundieren und die Spinne anschließend darauf malen.

# Das Spinnennetz

Eine Spinne webt ganz ohne Hetze,
immer wieder neue Spinnennetze.
Sie zieht den Faden hin und her,
sie zieht ihn immer kreuz und quer.

**Spielbeschreibung:**
Die Erzieherin hält in ihrer „Spinnenhand" einen kleinen, dünnen schwarzen Schminkstift (z. B. Kajalstift) zwischen Daumen und Mittelfinger versteckt. Sie lässt die Spinne zu einem Kind krabbeln. Durch kreisende Bewegung der Spinnenhand hinterlässt sie im Handteller des Kindes ein Spinnennetz, das sie mit dem Schminkstift zeichnet.

# Die kleine Spinne Ferdinand

Die kleine Spinne Ferdinand
seilt sich ab an einer Wand.

*Die unbemalte Hand bildet eine Faust
und liegt mit dem Handrücken auf den
Beinen. Die Spinne krabbelt nun von
der Schulter den Arm entlang bis zur
Faust hinunter.*

An einer Ecke packt sie's an,
sie zeigt uns jetzt mal, was sie kann.

*Am Handgelenk bleibt sie stehen und
öffnet dann langsam nacheinander
alle Finger der liegenden Hand, diese
dabei ausstreichen.*

→

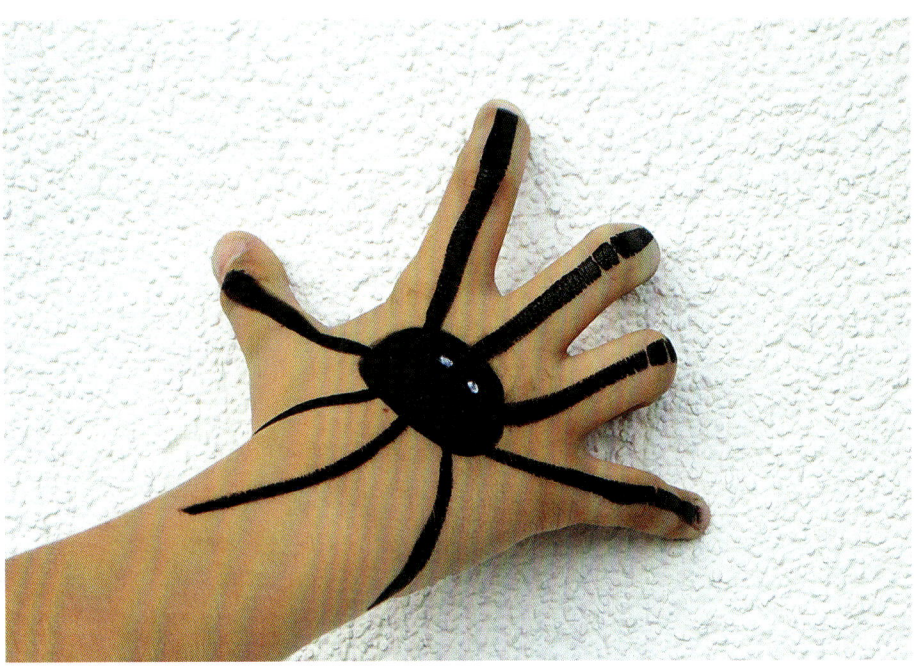

Sie kettet Fäden mit viel Fleiß,
und spinnt dann alles noch im Kreis.

Ein ganzes Netz hat sie vollbracht,
die Arbeit ist für heut gemacht.

**Spielidee:**
Ein langes Ende eines dicken Wollfadens (30–50 cm) wird zweimal um den Daumen der unbemalten Hand gewickelt. Dabei sollten mindestens fünf Zentimeter herunterhängen. Der restliche Faden liegt in der Hand, die zu Beginn des Spiels eine Faust bildet. Die bemalte Hand läuft als Spinne den Arm hinunter und öffnet die Faust, die Finger spreizen sich zum „Kreis". Die „Spinnenhand" ergreift das Wollknäuel und wickelt den Faden kreuz und quer um die Finger herum.

# Ein kleines schwarzes Tier

**Die Mücke – So wird geschminkt:**
Eine kleine Mücke auf den Zeigefinger der anderen Hand zeichnen.

Es gibt ein kleines schwarzes Tier,
das wird gejagt: zu Haus und hier.

*die Spinne über den Boden krabbeln lassen*

Meistens sitzt es in den dunklen Ecken.
und verbreitet Angst und Schrecken.
Dabei denkt sich die kleine Spinne:
„Wenn ich mich wirklich recht entsinne,
kann ich dem Mensch von Nutzen sein,
denn Mücken sind schon sehr gemein.

*die andere Hand kreist als Mücke mit einem hohen „sss" in der Luft umher, die „Spinnenhand" bleibt dabei stehen*

Sie stechen zu und das juckt kräftig.
Ein jeder kratzt sich dann recht heftig.
Doch dadurch wird es immer schlimmer –
Die Mücke, die fliegt durch das Zimmer.

*mit dem Zeigefinger in Arme und Beine pieksen, sich kratzen*
*die Mücke weiter fliegen lassen*

Dabei sind sie mein Leibgericht.
Ich fang sie im Dunkeln und bei Licht.
Ich bin zwar nicht das schönste Tier,
doch Mücken schaff ich täglich vier."

*mit der „Spinnenhand" den Zeigefinger umschließen*

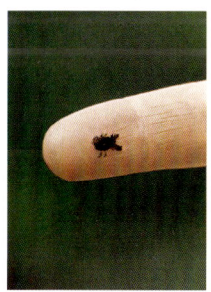

# Zebra

**Farben:**
Weiß, Braun, Gelb, Schwarz

**So wird geschminkt:**
- Handinnenfläche einschließlich der Innenseite des Handgelenks weiß anmalen.
- Die Fingerkuppen mit Ausnahme des Daumen braun färben und am Ende mit einem dünnen gelben Streifen versehen. Die Daumenkuppe gelb anmalen.
- In die obere Hälfte des Handtellers den Umriss eines länglichen Auges zeichnen.
- Das Auge gelb füllen und eine schwarze Pupille hineinzeichnen.
- Schwarze Streifen auf die weiße Fläche malen.

# Das Zebra Theodor

| | |
|---|---|
| Im Zoo sah ich ein Zebra stehn, | *die Zebrahand zeigen* |
| da war's sofort um mich geschehn. | |
| Ich mocht' es auf den ersten Blick, | |
| die Streifen fand ich total schick. | |
| | |
| Ich las den Namen Theodor, | |
| er wackelte mit seinem Ohr. | *mit dem Daumen wackeln* |
| Dann hielt ich ihm mein Schwarzbrot hin, | |
| er schüttelte sogleich sein Kinn. | *die vier Finger geschlossen seitwärts bewegen* |
| | |
| Ach, fast hätte ich vergessen, | *mit dem Zeigefinger der anderen Hand an die Stirn tippen* |
| dass Zebras ja nur Gräser fressen. | |
| Ich zupfte ein paar Halme ab, | |
| da kam das Zebra gleich im Trab. | *die Zebrahand nach vorne bewegen* |
| | |
| Ich fütterte das Streifentier | *den kleinen Finger nach unten öffnen und wieder anlegen, einige Male wiederholen* |
| und nahm's genauer ins Visier. | |
| Die Streifen laufen manchmal quer, | |
| und auch mal senkrecht hin und her. | |
| | |
| Da wackelte mein Theodor | *mit dem Daumen wackeln* |
| noch einmal mit dem rechten Ohr. | |
| Er ging zurück in sein Revier – | *die Zebrahand rückwärts bewegen* |
| was ist er für ein schönes Tier! | |

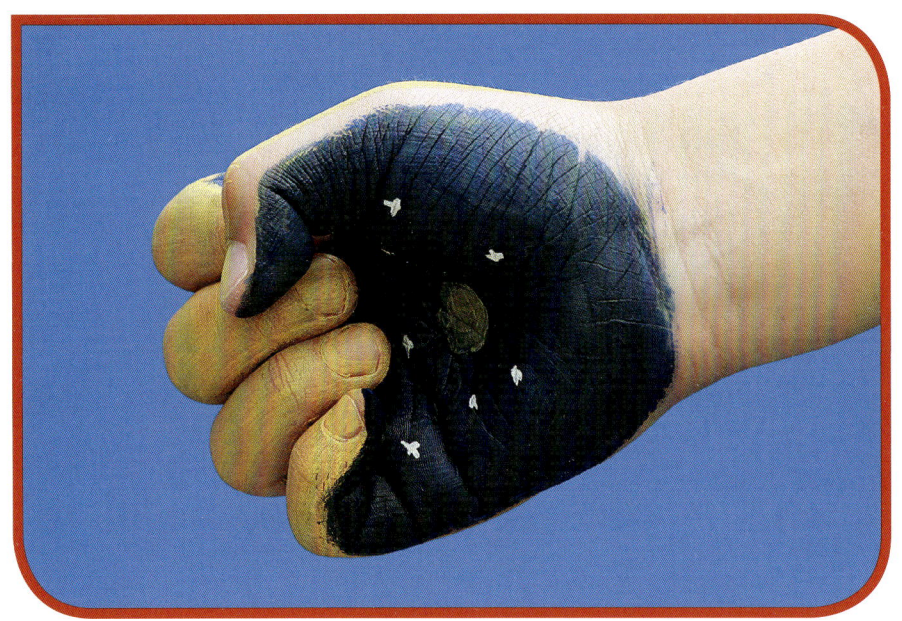

# Sonne, Mond und Sterne

**Farben:**
Gelb, Rot, Weiß, Dunkelblau

**So wird geschminkt:**
- Handrücken und Finger außen gelb bemalen.
- Handinnenfläche und Innenseite der Finger dunkelblau bemalen.
- Auf den Handrücken zwei rote Augen tupfen und einen lachenden Mund malen.

- Über die Augen dünne, weiße Augenbrauen ziehen und zwei Nasen-
  löcher über den Mund tupfen.
- In den Handteller einen gelben, runden Kreis als Mond zeichnen und
  zehn weiße Sterne auf der blauen Fläche verteilen.

 **Musik-Tipp:**
- Sonnenaufgang und -untergang: Glockenspiel
- Mond: Xylophon
- Sterne: Glöckchen

# Tag und Nacht

| | |
|---|---|
| Am Morgen geht die Sonne auf, | *die Hand bildet eine Faust, die Sonnenseite zeigt zu den Kindern,* |
| steigt hoch hinauf im Tageslauf. | *die Finger langsam öffnen* |
| Am Abend zieht sie sich zurück, die Nacht kommt langsam – Stück für Stück. | *die Finger wieder langsam zur Faust schließen und die Hand umdrehen* |
| Der helle Mond ist bald zu sehn und Sterne zähl ich auch schon zehn: 1 – 2 – 3 – 4 – 5 – 6 – 7 – 8 – 9 – 10. | *Finger erneut langsam öffnen* *mit der freien Hand auf die einzelnen Sterne zeigen* |
| Doch selbst die Nacht ist mal vorbei, die Sonne eilt ganz schnell herbei. | *Faust noch einmal schließen, Hand-rücken wieder nach vorne drehen* |

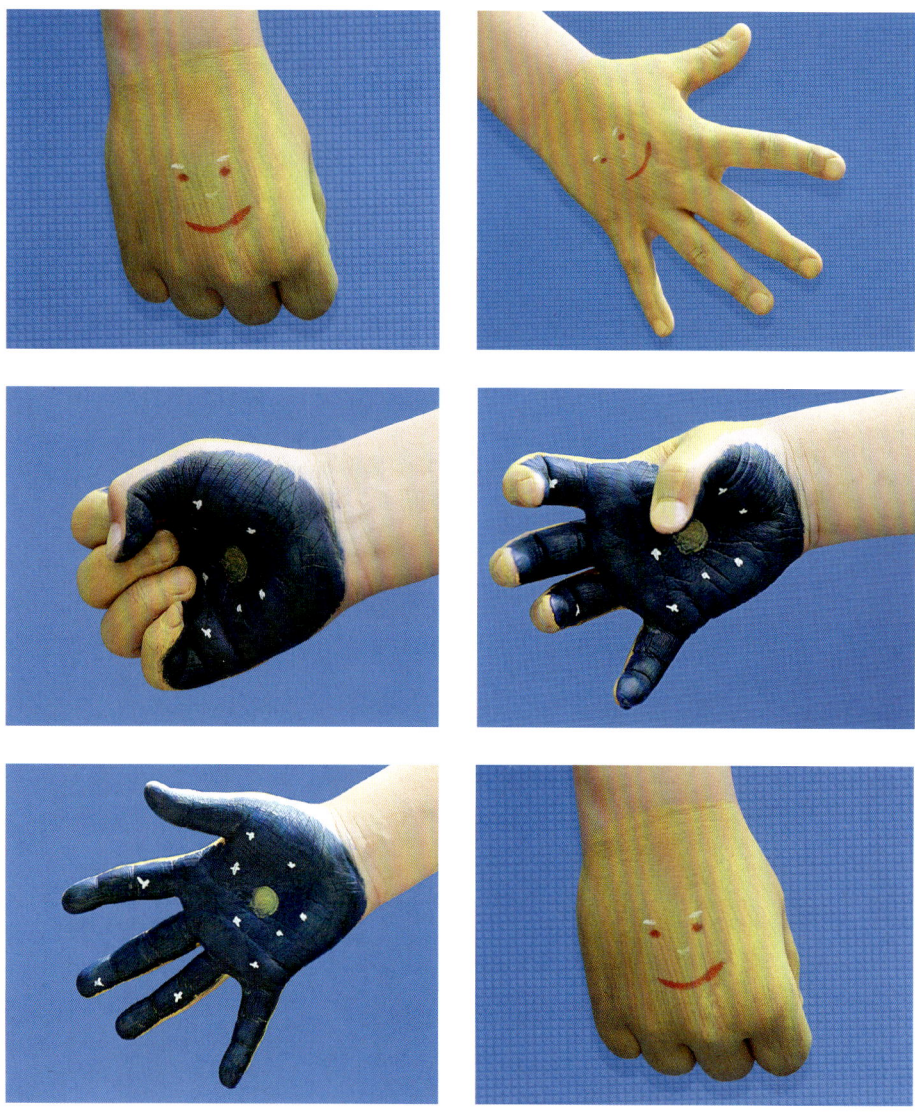

# Sternenhimmel

**So wird geschminkt:**
• Hände blau grundieren und auf jede Fingerkuppe einen weißen Stern malen.

*Zu Beginn zeigen die Finger der erhobenen Hand nach unten zum Handgelenk.*

Ein Stern,
zwei Sterne,
drei Sterne,
vier.
Fünf kleine Sterne blinken hier.

*Zeigefinger heben und stehen lassen,*
*Mittelfinger heben und stehen lassen,*
*kleinen Finger heben und stehen lassen,*
*Ringfinger heben und stehen lassen,*
*Daumen heben und stehen lassen*

Sie glitzern und glimmern,
sie flimmern und schimmern,
doch kommt dann der Morgen,
so sind sie verborgen.

*Finger zappelnd hin und her bewegen*

*Hand umdrehen*
*Finger nacheinander in die Handfläche legen*

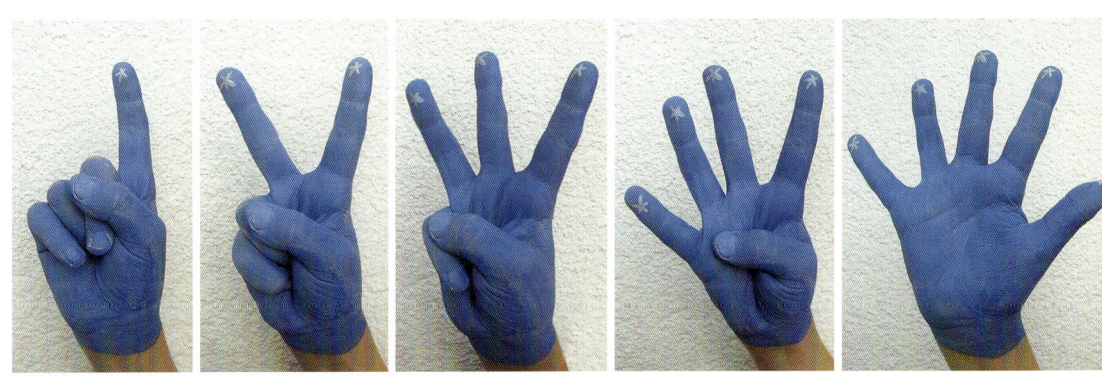

# Geier

**Farben Geier:**
Weiß, Gelb, Schwarz

**So wird geschminkt:**
- Daumen und Zeigefinger etwa bis zur Hälfte gelb bemalen.
- Die restliche Hand außen weiß grundieren.
- Oberhalb des Daumens auf den Handrücken ein längliches schwarzes Auge zeichnen.

**Farben Maus:**
Schwarz, Silber, Rosa

**So wird geschminkt:**
- Auf die Handfläche der anderen Hand mit schwarzer Farbe die Umrisse einer Maus zeichnen.
- Den Körper silbern ausmalen, das Ohr rosa.
- Einen rosa Schwanz an den Körper zeichnen und ein schwarzes Auge unter das Ohr zeichnen.

# Der hungrige Geier

Ein Geier dreht so manche Runde
jeden Tag zur Mittagsstunde.

*den Geier in Schleifen durch
die Luft fliegen lassen*

Sein Hunger plagt ihn nämlich sehr,
drum sucht er Mäuse zum Verzehr.

Da läuft schon eine Maus durchs Gras.
„Hm, so ein leckrer Mittagsfraß."

*die Maus zeigen*

Er denkt, die Maus ist jetzt gleich dran
und setzt sofort zum Sturzflug an.

*den Geier steil nach unten
fliegen lassen*

Die Maus jedoch läuft schnell zurück,
der Geier hat so gar kein Glück.

*die Maus zurückziehen*

Er dreht schnell ab, fliegt wieder hoch,
Doch Hunger hat er immer noch.

*den Geier steil nach oben
fliegen lassen*

Schon bald entdeckt er in dem Gras,
erneut 'nen leckren Mittagsfraß.

*wie oben*

→

Er denkt, die Maus ist jetzt gleich dran
und setzt sofort zum Sturzflug an.      *wie oben*

Die Maus sieht ihn entgeistert an
und denkt: „Na warte, du bist dran."

Der Geier stürzt auf sie hernieder,      *wie oben*
doch die Maus entkommt ihm wieder.

Und zu seinem großen Schrecken,      *den Zeigefinger senkrecht auf*
bleibt er mit dem Schnabel stecken.      *den Boden stellen*

Das Mäuschen kommt ganz schnell herbei:
Was für ein Missgeschick – o wei !

Sie zieht ihn an den Beinen raus,      *das Handgelenk von unten grei-*
     *fen und den Geier herausziehen*
der Geier dankt und fliegt nach Haus.      *wie oben*

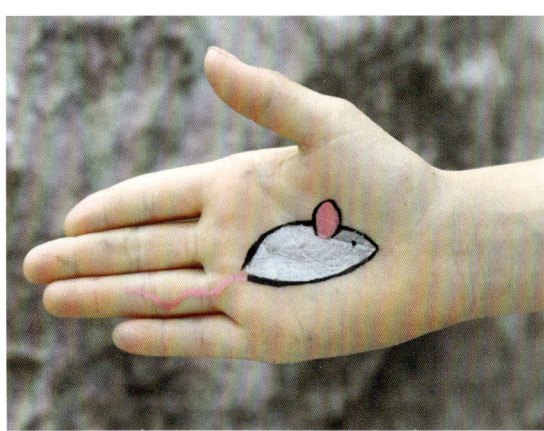

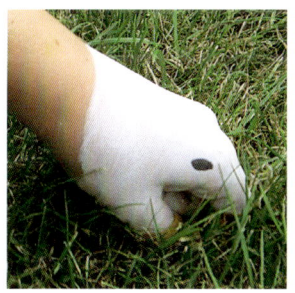
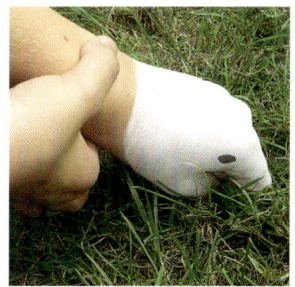

# Zwei Freunde unter einem Dach

**Farbe Dach:**
Rot
**Farben Gesichter:**
Grün, Blau, Rot, Weiß

**So wird geschminkt:**
• Beide Handrücken und die Finger von außen rot bemalen.
• Auf jede Daumenkuppe ein Gesicht zeichnen.

**Musik-Tipp:**
- Donnergrollen: Handtrommel
- Sonne: Klangschale

# Zwei Freunde toben im Freien

| | |
|---|---|
| Zwei Freunde toben im Freien, man hört sie lachen und schreien. | *Daumen aufrecht stellen nach vorne wackeln* |
| Sie spielen Fangen und Verstecken und kriechen dabei in manche Ecken. | *Daumen umeinander drehen, hinter den anderen Fingern verstecken* |
| Man sieht sie an Seilen schwingen | *Daumen seitlich parallel vor- und zurückbewegen* |
| und danach wie Flummis springen. | *Daumen herunterklappen und wieder senkrecht aufstellen, mehrmals wiederholen* |
| Jetzt bleiben sie erschrocken stehn. Was haben sie denn bloß gesehn? | *Daumen bleiben unbeweglich stehen* |
| Donnergrollen haben sie gehört, Regentropfen haben sie gestört. | |
| Schnell laufen sie ins Haus hinein und schlafen dort dann erst mal ein: Chrrr. | *mit den Händen ein Dach formen, die Daumen darunter legen, schnarchen* |
| Kommt dann die Sonne wieder raus, geht's erneut ins Freie hinaus. | *Daumen wieder aufrecht stellen und mit ihnen wackeln* |

# Mülltonnen

**Farben:**
Blau, Gelb, Grün, Dunkelgrau

**So wird geschminkt:**
Die Hände der mitspielenden Kinder (mindestens zwei) rundherum in
einer der vier Farben anmalen.

# Wir trennen den Müll

Wir trennen den Müll, das ist doch klar,
was andres wär' wirklich sonderbar.

Rohstoffe zum Wiederverwenden,
soll'n in der Gelben Tonne enden.      *gelbe Faust zeigen*

Alles, was sich natürlich zersetzt,
wird in die grüne (braune) Tonne gefetzt.      *grüne Faust zeigen*

Papier fliegt in die große Blaue,      *blaue Faust zeigen*
der kleine Rest kommt in die Graue.      *graue Faust zeigen*

Deckel auf und Zeitung rein,      *Daumen der blauen Faust heben,*
Deckel zu – so soll es sein!      *Daumen senken*

Deckel auf und (Obst-)Schale rein,      *Daumen der grünen Faust heben,*
Deckel zu – so soll es sein!      *Daumen senken*

Deckel auf und (Joghurt-)Becher rein,      *Daumen der gelben Faust heben,*
Deckel zu – so soll es sein!      *Daumen senken*

Deckel auf und Watte rein,      *Daumen der grauen Faust heben,*
Deckel zu – so soll es sein!      *Daumen senken*

usw.      *usw.*

**Spielbeschreibung:**
Zunächst wird gemeinsam besprochen, welcher Abfall in welche Tonne gehört.
Während des Spiels sind dann alle Mülltonnen sichtbar. Es öffnen sich immer
nur die Deckel der Tonnen, in die der genannte Abfall auch wirklich entsorgt
werden soll. Vielen Kindergartenkindern fällt die Materialzuordnung zunächst
noch schwer. Daher sollten anfangs die Überbegriffe genannt werden. Mit der

Zeit lassen sich die Begriffe ausdifferenzieren. Die Vorschläge der Kinder werden aufgegriffen und entsprechend zugeordnet, beispielsweise:

- Becher (Joghurtbecher, Quarkbecher, Sahnebecher etc.)
- Getränketüten/Tetrapacks (Milchtüten, Safttüten etc.)
- Papier (Zeitungspapier, Briefpapier, Geschenkpapier etc.)

# Im Garten

**Farbe Gartenzaun:** Braun
**Farbe Wiese:** Grün
**Farbe Baum:** Braun, Grün
**Farbe Vögel:** Schwarz

**So wird geschminkt:**
- Unterhalb der Fingerknöchel und quer über den Handrücken in brauner Farbe einen Jägerzaun (siehe Foto Seite 55) skizzieren.
- Auf den Handteller der gleichen Hand einen runden grünen Kreis als Wiese malen.
- Auf die Handfläche der zweiten Hand einen Baum zeichnen und schwarze Vögel über die Finger (um den Baum herum) verteilen.

# Hinter einem Gartenzaun

Hinter einem Gartenzaun
liegt eine grüne Wiese,
sie ist gar lieblich anzuschaun.

*die Hand mit dem Zaun senkrecht aufstellen*
*Hand nach vorne öffnen, so dass die Wiese zu sehen ist*

Auf dieser grünen Wiese,
steht ein großer, alter Baum,
ist mächtig wie ein Riese.

*die zweite Hand an die erste Hand stellen, die Finger sind noch leicht nach innen gebogen*

Vögel fliegen um ihn rum,
zwitschern laut den ganzen Tag,
abends sind sie wieder stumm.

*Finger der zweiten Hand öffnen und leicht bewegen,*
*die Hand schließen*

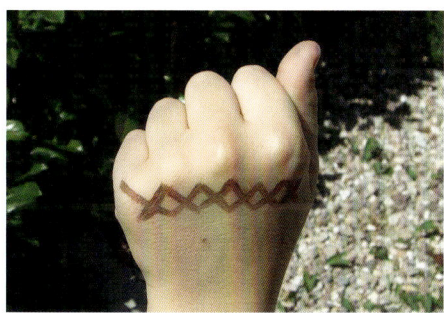

# Qualle & Koralle

**Farben Qualle:**
Weiß, Schwarz

**So wird geschminkt:**
- Die Hand von außen weiß anmalen.
- Mit einem feinen Pinsel schwarze Augenkreise auf den Handrücken auftragen. Die untere Hälfte des Augenkreises schwarz ausmalen. Um die Augen herum Striche als Wimpern zeichnen.

 **Farbe Koralle:**
Orange

 **So wird geschminkt:**
Geschwungene Linien entlang der Fingeroberseite auftragen und die
Linien auf dem Handrücken zusammenführen.

 **Musik-Tipp:**
Die Geschichte kann im Hintergrund leise mit einer Oceandrum begleitet werden.

# Die Qualle Fantomas

Ich bin die Qualle Fantomas,
durch's Meer zu gleiten macht mir Spaß.

*alle Finger leicht anziehen und wieder strecken, die Hand dabei vorwärts bewegen*

Ich lebe im Korallenriff,
hab mein Revier ganz fest im Griff.

*Korallenhand zeigen, Qualle dahinter verstecken*

Manchmal schwimm ich weit nach oben,
lass Schwimmer auseinander toben.
Sie haben Angst vor meinem Gift,
das sie verbrennt, wenn es sie trifft.

*Finger der Qualle bis zum Handteller heranziehen und wieder strecken, mehrfach wiederholen, dabei die Hand langsam senkrecht nach oben bewegen*

Dann gleit ich wieder in die Tiefe,
und tue so, als ob ich schliefe.
Dies Spiel, das mach ich immer wieder,
zum Abendessen tauch ich nieder.

*die Quallenhand schnell senkrecht nach unten führen*

*wie oben*

Krebs und Würmer find ich lecker,
bin ein kleiner Leckerschmecker.
Dann gleit ich noch ein kleines Stück,
schwimm zum Korallenriff zurück.

*die Finger der Quallenhand erneut nur leicht einknicken und wieder strecken, die Hand dabei vorwärtsbewegen bis sie wieder von der Koralle verdeckt wird*

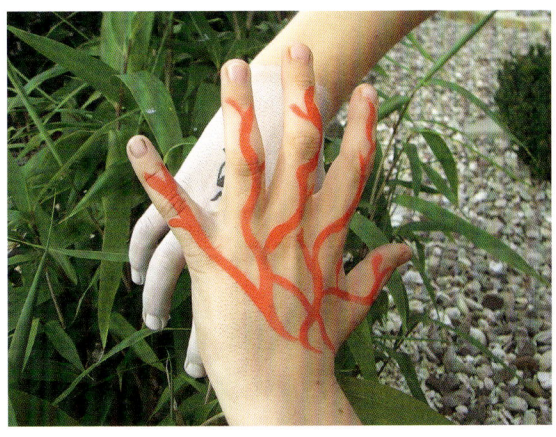

# Sonnenblume

**Farben:**
Grün, Braun, Gelb

**So wird geschminkt:**
- Einen langen, leicht geschwungenen Blumenstil von der Ellenbogen-
  beuge bis zum Beginn der Hand auf den Unterarm zeichnen.
- In die Mitte des Handtellers einen braunen Kreis malen.
- An den braunen Kreis die gelben Blütenblätter setzen.
- Ein oder zwei grüne Blätter an den Stil zeichnen.

# Eine kleine Sonnenblume

| | |
|---|---|
| Eine kleine Sonnenblume wächst auf einer Wiese. | *Unterarm zeigen, Hand bildet eine Faust* |
| Bald ist ihr Stiel so lang wie ein großer Riese. | *Arm nach oben strecken* |
| Ihre gelbe Blüte streckt sich der Sonne entgegen, | *Faust langsam öffnen* |
| erfreut alle Menschen an den Wanderwegen. | *Handfläche mit Sonnenblume zeigen und Finger ausstrecken* |

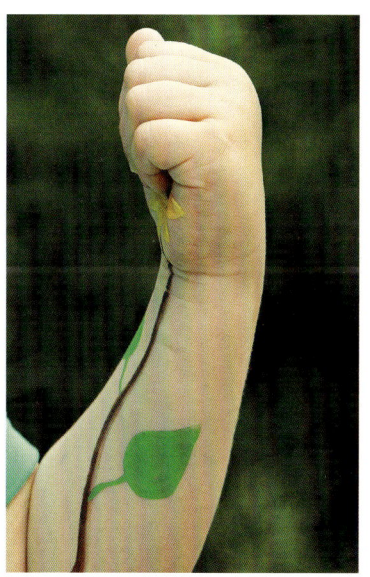  

# Flamingo

**Farben:**
Schwarz, Weiß, Rosa

**So wird geschminkt:**
- Eine dünne schwarze Begrenzungslinie für den Flamingokopf vom Ansatz des Zeigefingers über den Handrücken seitlich hinunter zum Daumen führen (siehe Foto).
- Zeigefinger und Daumen weiß ausmalen.
- Die restliche Hand und den Unterarm rosa grundieren.
- Die Zeigefinger- und die Daumenkuppe schwarz färben.
- Ein schwarzes Auge in die Verlängerung des Zeigefingers tupfen.

# Die Flamingos sind hungrig

Die Flamingos sind hungrig,
sie fliegen zum See heran.
Plankton und Kleinkrebse
stehn auf ihrem Speiseplan.

Wie war diese Mahlzeit
doch lecker und fein!
Jetzt sucht jeder 'nen Platz
und schläft auf einem Bein.

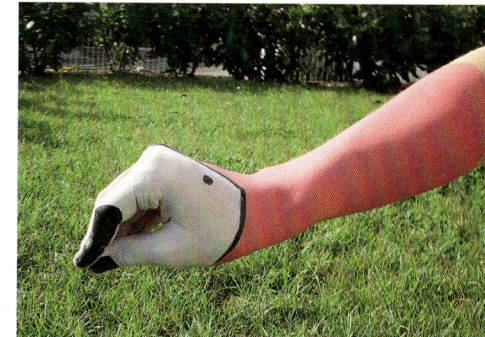

**Spielidee:**

Jedem Kind wird ein Arm als Flamingo bemalt. Auf den Handteller der anderen Hand wird ein blauer See gezeichnet.

Alle Kinder stehen frei im Raum. Die eine Hälfte spielt den See, setzt sich hin und streckt die blaue Hand nach vorne aus. Die anderen Kinder verstecken ihre „Seehand" hinter dem Rücken. Jeder Flamingo sucht sich nun einen See, fliegt hin und pickt sich sanft die Nahrung aus dem See. Anschließend fliegt er wieder fort und sucht sich einen Platz im Raum. Dort versuchen die Kinder, auf einem Bein zu stehen. Wer schafft das auch mit geschlossenen Augen? Anschließend werden die Rollen getauscht.

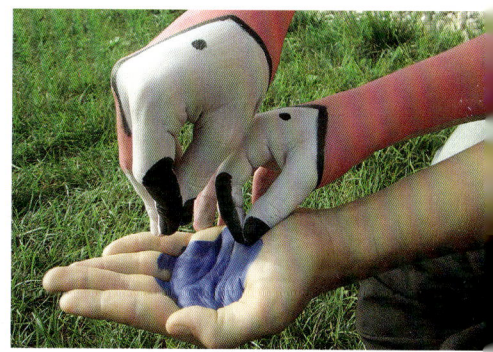

**Farben Fingerflamingo:**
Schwarz, Weiß, Rosa

 **So wird geschminkt:**
- Eine geschwungene schwarze Linie auf die zum Daumen gewandte Seite des Zeigefingers zeichnen.
- Den darunterliegenden Halbkreis weiß ausmalen.
- Ein schwarzes Auge in den weißen Halbkreis zeichnen.
- Die restliche Hand bis zum Handgelenk in Rosa grundieren.

# Flamingos sind Vögel mit schönem Gefieder

Flamingos sind Vögel mit schönem Gefieder,
doch ihre Beinchen haben nur nackte Glieder.

*die Flamingohand zeigen*

So stehn sie ganz häufig auf einem Bein
und stecken das andre zwischen die Federn hinein.

*den Mittelfinger auf den Boden stellen*

Ist dieses aufgewärmt, kommt flugs das andre dran.
Super praktisch, dass jeder Flamingo das kann.

*den Ringfinger auf den Boden stellen und den Mittelfinger in den Handteller legen, evtl. mit dem Daumen fixieren*

# Eule

**Farben:**
Weiß, Schwarz, Gelb, Braun

**So wird geschminkt:**
- In den Handteller in schwarz den ovalen Umriss einer Eule zeichnen und mit weißer Farbe ausmalen.
- In den Kopf zwei schwarze Augenkonturen setzen und gelb ausmalen.

- Unterhalb der Augen einen spitzen, schwarzen Schnabel einzeichnen und die Eule mit schwarzen Federn versehen.
- Unten an den Bauch links und rechts drei Krallen zeichnen.
- In beide Augen je eine schwarze Pupille tupfen.

**Schmink-Tipp Ast:**
Auf den freien Unterarm einen braunen Ast malen.

# Im Eulenwald

Die alte Eule sitzt auf einem Ast
und macht dort gemütlich Rast.

Da hört sie leise ein „Huhuu".
Sie blickt sich um und denkt: „Nanu!"

„Wer ist's? Wer ruft denn hier nach mir?
Ach, du bist's. Wart', ich flieg zu dir."

**Spielidee:**
Jedem Kind malen wir einen Ast auf den Unterarm und eine Eule in die Handfläche. Alle Kinder sitzen in einem großen Kreis und halten den Ast-Arm vor dem Körper. Die Eulenhand liegt hinter dem Rücken. Ein Kind beginnt und ruft „Huhuu!". Dann setzt es seine Eule auf seinen Ast. Ein weiteres Kind lässt seine Eule auf seinen Ast fliegen und ruft ebenfalls „Huhuu!". Sobald das erste Kind die Eule gesichtet hat, fliegt es hinüber, setzt sich neben dieses Kind und lässt seine Eule auf dessen Ast landen. Das Spiel wiederholt sich, bis immer 2 Eulen auf einem Ast sitzen. Das Eulenfliegen geschieht dabei die ganze Zeit ohne Absprache einer Reihenfolge. Die Kinder schauen und hören aufeinander und dürfen sich nur ohne Worte und ohne weitere Geräusche verständigen.

Am Ende dürfen alle Eulen (möglichst ohne Flugunfälle) durch den Raum fliegen. Jede Eule, die sich müde geflogen hat, nimmt wieder auf ihren eigenen Ast Platz. Dazu setzt sich das dazugehörende Kind einfach auf den Boden.

# Augen

**Farben:**
Schwarz, Weiß, Blau (Grün oder Braun)

**So wird geschminkt:**
• Die Finger (außer den Daumen) nach unten zum Handteller biegen.
Einen schwarzen Bogen unter Zeige- und Mittelfinger und einen
zweiten Bogen unter Ringfinger und kleinen Finger ziehen. Darunter
große Wimpern zeichnen.

- Die Finger ausstrecken, dann den oberen Augenbogen ziehen. Darüber ebenfalls Wimpern zeichnen.
- In das Auge eine blaue, grüne oder braune Iris und das Augenweiß zeichnen.
- In die Iris die schwarze Pupille setzen.

# Das kleine Auge wacht gleich auf

Das kleine Auge wacht gleich auf,
denn bald beginnt des Tages Lauf.
Blink, blink, es ist noch ganz verpennt,
blink, blink, ob es euch schon erkennt?

*Faust mit nach vorne zeigendem Handballen hochhalten*
*Finger schnell zweimal hintereinander öffnen und schließen, wiederholen*

Ganz langsam öffnet es sein Lid,
ich bin sicher, dass es euch jetzt sieht.
Nach rechts geht nun erst mal sein Blick,
gleich zwinkert es mit viel Geschick.

*Finger langsam öffnen*

*Hand nach rechts drehen, Finger einmal schnell schließen und wieder öffnen*

Dann schaut es in die linke Ecke
und danach auch noch an die Decke.
Blink, blink, zwinkerts euch nochmal zu,
dann legt es sich erneut zur Ruh.

*Hand nach links drehen, Handinnenfläche nach oben drehen*
*wie oben*
*Hand wieder schließen*

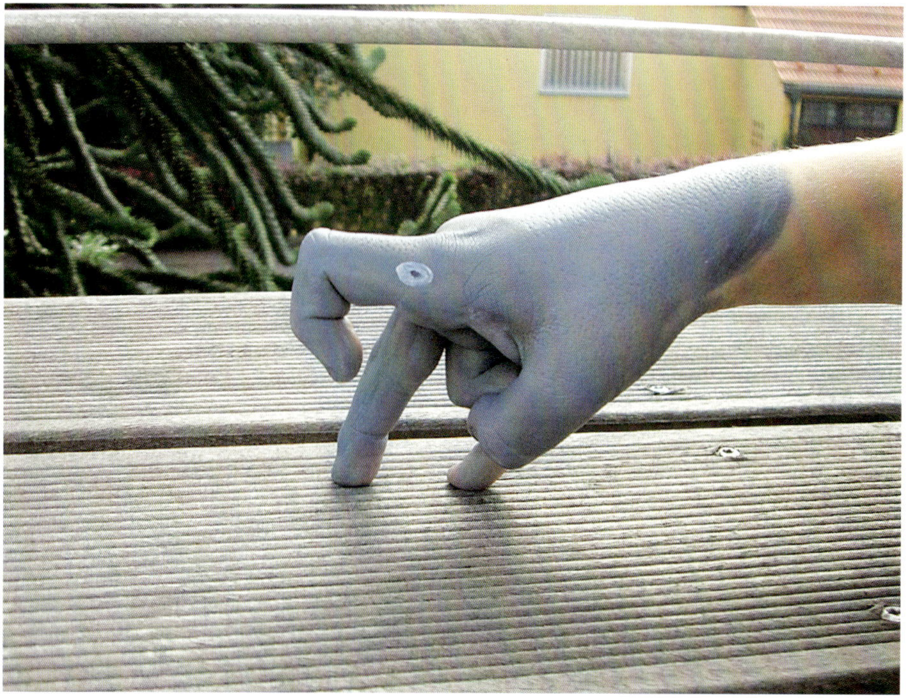

# Papagei

**Farben:**
Schwarz, Weiß, Orange, Gelb

**So wird geschminkt:**
- Daumen, Zeige- und Mittelfinger orange bemalen.
- Über die Daumenwurzel zum Unterarm hin ein weißes Dreieck malen.
- Die restliche Fläche der Hand wird schwarz grundiert.
- Ungefähr an der Stelle, wo die drei Farben aufeinandertreffen, wird ein gelbes Auge mit einer schwarzen Pupille auf die orangefarbene Fläche gesetzt.

# Papageien leben auf Bäumen

Papageien leben auf den Bäumen,
sind aber heute in unseren Räumen.
Sie schauen sich in aller Ruhe um,

und fliegen sodann im Zimmer herum.

Ganz plötzlich setzen sie sich wieder hin,
erzähl'n sich Geschichten, ganz ohne
Sinn.

Am Ende schauen sie sich nochmal um
und fliegen weiter im Zimmer herum.

*den Ellenbogen des Papageien-*
*arms auf die andere Hand stützen,*
*das Handgelenk in alle Richtungen*
*drehen*
*die Papageien durch den Raum*
*bewegen*
*zu zweit oder dritt zusammen-*
*setzen und in hoher „Papageien-*
*stimme" sinnlose Wörter krächzen*

*wie oben*

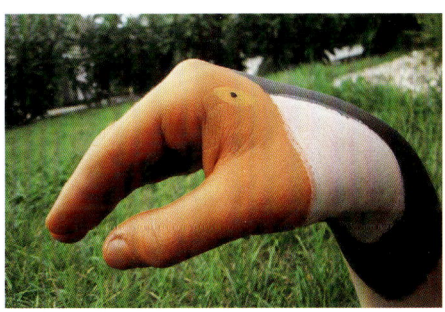

# Schwarze Hand – Weiße Hand

 **Farben:**
Schwarz, Weiß

 **So wird geschminkt:**
Eine Hand weiß, die zweite schwarz bemalen.

Wenn die Zeit nicht reicht, um beide Hände der Kinder anzumalen, so können die Kinder auch paarweise zusammengehen, wobei ein Kind die schwarze und das zweite Kind die weiße Hand spielt.

# Tanzende Hände

| | |
|---|---|
| Die weiße und die schwarze Hand treffen sich am Wegesrand. | *beide Hände gehen aufeinander zu.* |
| Sie winken sich und reden laut, denn sie sind wirklich sehr vertraut. Es verbindet wohl ein Freundschaftsband die weiße und die schwarze Hand. | *winken; Daumen und die anderen 4 Finger aufeinanderlegen und wieder öffnen, wiederholen* |
| Sie spielen schön, das kann man sehn, | *die Hände tanzen und hüpfen miteinander* |
| doch müssen beide wieder gehen. | *winken, beide Hände gehen auseinander* |

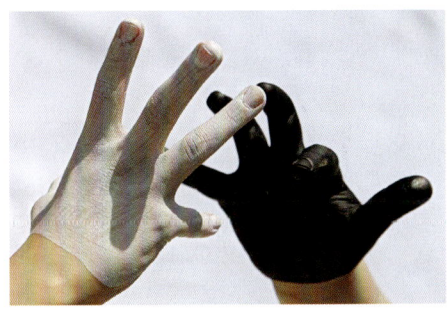

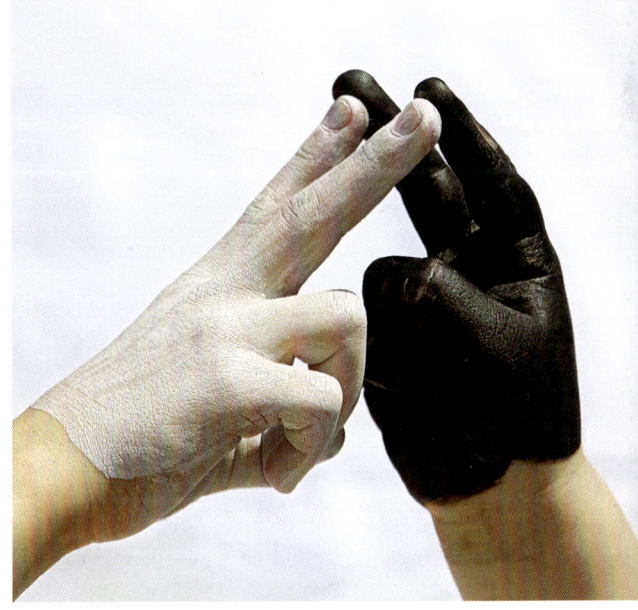

# Sonne und Baum

**Farben Sonne:**
Gelb, Braun, Weiß, Rot

**So wird geschminkt:**
- Die ganze Hand innen und außen mit gelber Farbe bemalen.
- Auf den Handrücken ein trauriges Sonnengesicht zeichnen: braune Augen mit etwas Weiß innerhalb der Kreise, braune Wimpern und einen roten, nach unten gebogenen Mund skizzieren.
- In den Handteller ein fröhliches Sonnengesicht malen: braune Augen mit braunen und weißen Wimpern sowie einen lachenden, nach oben gebogenen, roten Mund.

**Farben Baum:**
Braun, Grün, Rot

**So wird geschminkt:**
- Mit der zweiten Hand eine Faust bilden und auf das Handgelenk mit braun einen Baumstamm malen. Äste über die Finger der geschlossenen Hand zeichnen.
- Die Faust öffnen und in die Handinnenfläche ebenfalls Äste zeichnen.
- An die Äste grüne Blätter und rote Kirschen tupfen.

# Die vermissten Sonnenstrahlen

Die Sonne wacht am Morgen auf,
macht sich bereit zum Tageslauf.

*Die Sonnenhand bildet eine Faust. Der Handrücken zeigt nach vorne.*

Da kriegt sie einen Riesenschreck:
die Strahlen sind ganz plötzlich weg.

*Die Baumhand bildet ebenfalls eine Faust und wird etwas unterhalb der Sonnenhand platziert, der Handrücken zeigt nach hinten.*

Die Sonne macht sich auf die Suche
und fragt im Wald die alte Buche.
„Die Strahlen sind vorbeigeflogen
und vor der Eiche abgebogen."

*Die Sonne zieht auf die andere Seite der Baumhand, Unterarme sind gekreuzt.*

Die Sonne zieht zur dicken Eiche,
und die erzählt ihr fast das Gleiche:
„Die Strahlen sind vorbeigeflogen
und vor der Linde abgebogen."

*Die Sonne zieht wieder zurück auf die erste Seite der Baumhand.*

Die Sonne zieht zur hohen Linde:
„Ohne dass ich was erfinde:
sie sind bei mir abgebogen
und zum Kirschbaum hingeflogen."

*Die Sonne macht einen großen Kreis und stellt sich leicht diagonal über die Baumhand.*

Die Sonne kommt beim Kirschbaum an.
der sich sogleich bedanken kann.
Er sagt: Ich stand hier voll im Schatten,
weil wir keine Sonne hatten.

*Baumhand öffnen*

Die Strahlen brachten mir ihr Licht
und damit neue Zuversicht.
Jetzt werd ich reife Früchte tragen,
‚Danke‘, möchte ich dir sagen.“

Die Strahlen kehrn zur Sonne zurück
und diese strahlt vor Stolz und Glück:
„Seht nur des Kirschbaums ganze Pracht,
das habt ihr richtig toll gemacht.“

*Sonnenhand öffnen und gleich-
zeitig umdrehen*

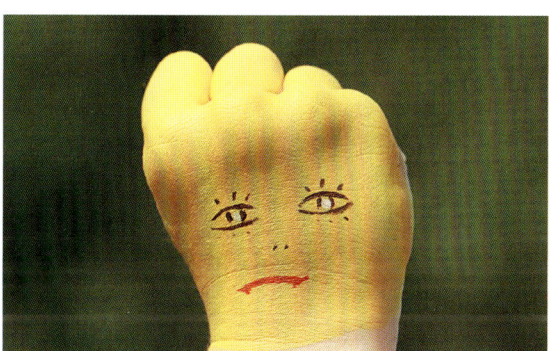

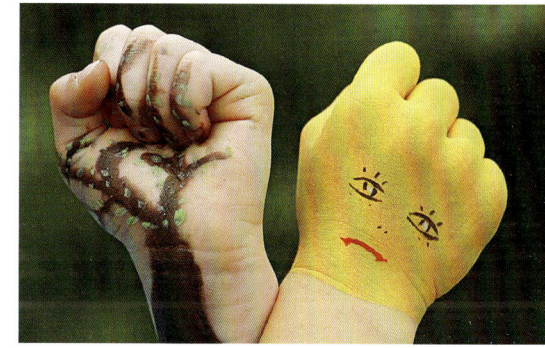

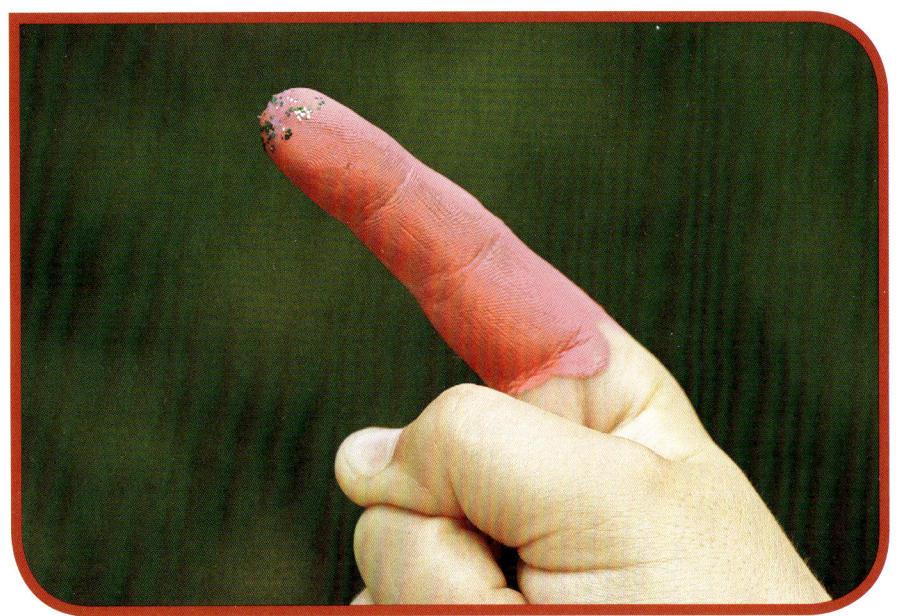

# Hexenzauber

**Farben Zauberstab:**
nach Wunsch, Glitzerpulver
**Farben Gesicht:**
nach Wunsch

**So wird geschminkt:**
- Einen Zeigefinger als Zauberstab in einer Farbe oder bunt anmalen. Die Fingerspitze mit Glitzerpulver betupfen.
- Auf die Fingerkuppen der anderen Hand Gesichter mit Bart zeichnen.

# Die kleine Hexe Hicks

In einem kleinen Land,
da ist sie wohlbekannt:
die kleine, freche Hexe Hicks,          *Zauberstab zeigen*
mit ihren coolen Zaubertricks.

So schwingt sie ihren Zauberstab         *den Zeigefinger schwingen*
verhext die Menschen Tag für Tag.
Sie zaubert jedem – das ist hart –,      *die anderen Finger nacheinander*
einen langen Zottelbart.                 *heben und jede Fingerkuppe mit*
                                         *dem Zauberstab fest drücken*

Doch der Spuk geht schnell vorbei,
der kleinen Hex ist's einerlei.
Denn morgen wird auch nicht gespart,
an Spuk und Zauber jeder Art.

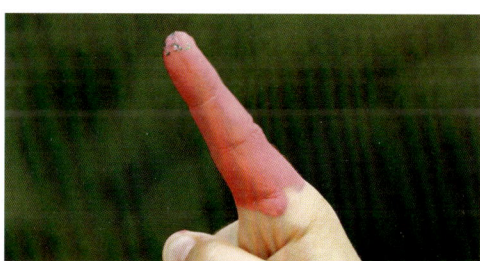

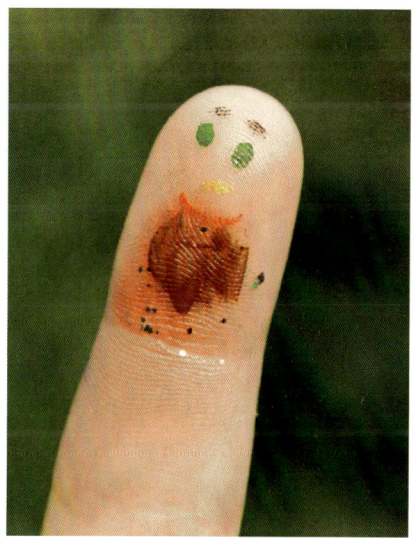

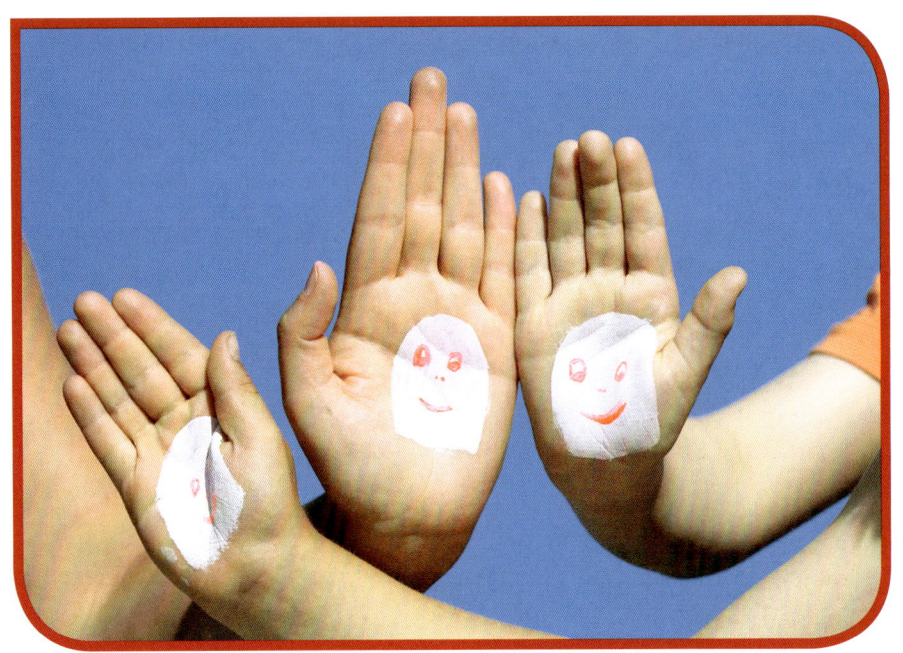

# Gespenster

**Farben:**
Weiß, fluoreszierendes Orange

**So wird geschminkt:**
Auf die Handinnenfläche ein Gespenst zeichnen.

**Spiel-Tipp:**
Das Spiel lässt sich am schönsten mit einer Schwarzlichtlampe umsetzen. Hierfür muss der Raum abgedunkelt werden und zum Schminken der Hände werden fluoreszierende Farben (Schwarzlichtfarben) verwendet.

# Im Dunkeln tanzen Gespenster

Wer tanzt denn da am Waldesrand?
Bewegt sich wie von Geisterhand.

Ich seh ein helles, grelles Licht,
Gespenster sind's, ich glaub es nicht.

Sie tanzen, feiern, juchzen, springen,
albern, toben, scherzen, singen.

Das können sie des Nachts nur tun,
am Tage müssen Geister ruhn.

*Geisterhände kommen langsam
hinter dem Rücken hervor*

*Hände bewegen sich langsam*

*Hände spielen bewegt in der Luft*

*Hände hinter dem Rücken
verstecken*

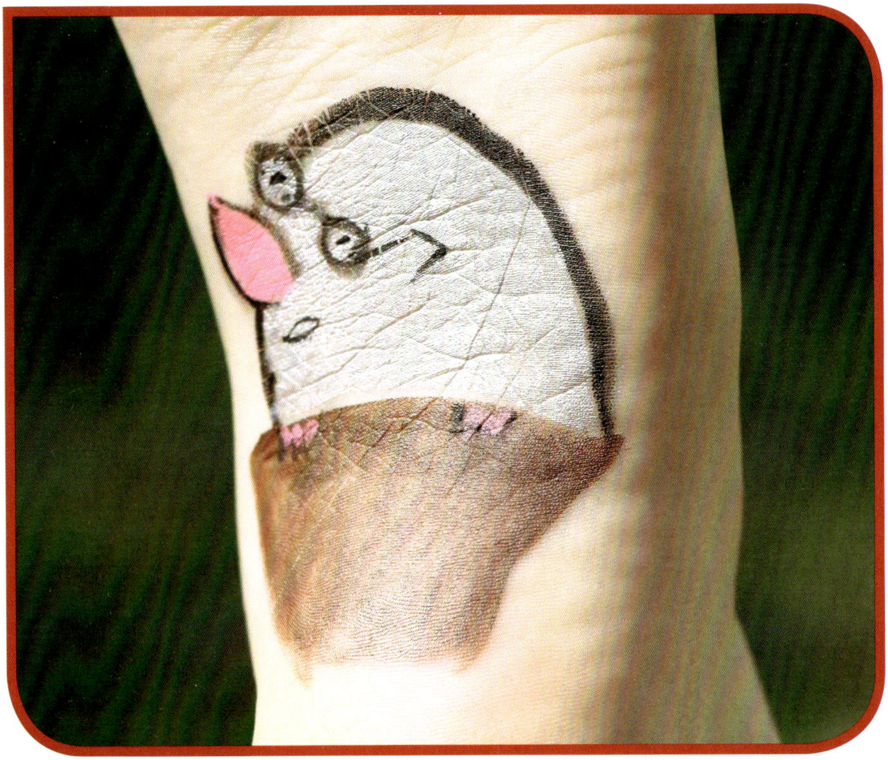

# Maulwurf

**Farben:**
Grün, Schwarz, Grau, Rosa

**So wird geschminkt:**
- Den Fußrücken grün anmalen.
- Auf die Fußsohle einen Maulwurf zeichnen, der aus seinem Erdhügel herausschaut.

# Der Maulwurf –
# Kleines Fußtheater für warme Sommertage

Wisst ihr, wer sich unter dem Gras versteckt?
Ich hab ihn erst vor Kurzem hier entdeckt.

Es ist ein kleiner Maulwurf, der hier lebt
und sich unterirdische Gänge gräbt.

Durch diese kriecht er flink von Ort zu Ort
und ist mal hier, mal da und auch mal dort.

*Kinder stehen im Gras*

*den Maulwurffuß nach hinten
und oben heben, das Bein mit
dem Fuß mal nach rechts, mal
links drehen, dabei mit dem
Kopf mal über die linke und
mal über die rechte Schulter
nach hinten zum Maulwurf
schauen*

Das Spiel macht draußen, auf der Wiese oder einer Grünfläche am meisten Spaß. Der Spielvers stellt eine gute Gleichgewichtsübung dar. Hierfür kann der Maulwurffuß auch einmal nach vorne angehoben werden.

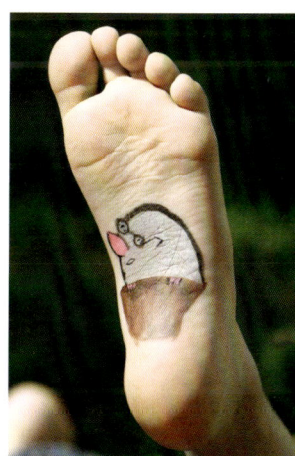

# Flip-Flops

**Farben:**
nach Wunsch

**So wird geschminkt:**
Auf den Fußrücken die beiden Schrägriemen der Zehensandalette aufmalen und mit kleinen Blümchen oder aufgeklebten Strasssteinchen verzieren. Ebenso kann auch mit einer anderen Farbe ein Muster auf die Riemchen gezeichnet werden.

# Flip und Flop –
# Kleine Fußgymnastik im Sandkasten

Flip steht einsam in der Wüste,
wünscht sich, dass ihn einer grüßte.
Vorne, hinten bis zum Rand,
sieht er nämlich nur noch Sand.

*im Sandkasten auf einem Bein
stehen
Fuß auf der Ferse drehen und
die Zehen bewegen, Ferse
heben und senken*

Da kommt Flop herbeigelaufen.
Flip hört ihn schon von Weitem schnaufen.

*den anderen Fuß mehrfach
neben „Flip" von vorne nach
hinten durch den Sand ziehen,
dann neben ihn stellen*

Sie grüßen sich traditionell:
vorn und hinten, ziemlich schnell,

*im Wechsel Zehen zueinander-
drehen, dann Fersen zueinan-
derdrehen*

stolzieren dann durchs hohe Gras
und haben dabei sehr viel Spaß.

*durchs Gras stolzieren*

Sie näseln mit dem dicken Zeh
und rufen laut: „Juchhe, juchhe!"

*die dicken Zehen abwechselnd
in schnellem Tempo aufeinan-
derlegen*

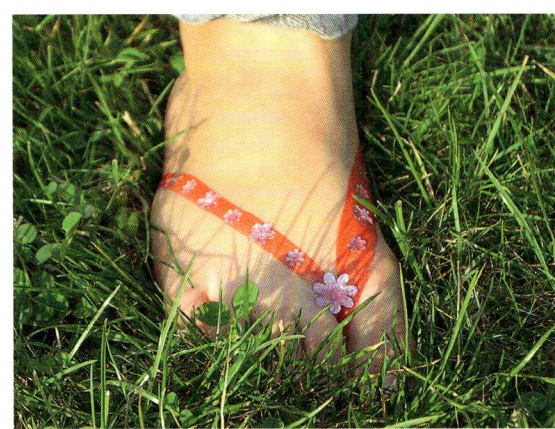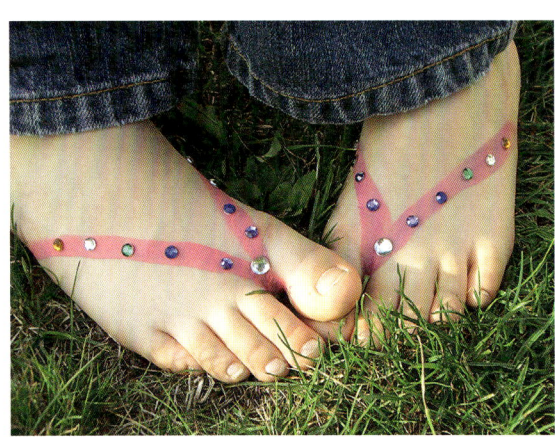